Gan Focal : Frugal Speech

Gabriel Fitzmaurice

Gan Focal : Frugal Speech

Brenda Fitzmaurice
Ealaíontóir : Artist

Iarfhocal : Afterword
Gabriel Fitzmaurice

Gan Focal : Frugal Speech

Foilsithe in 2023 ag/is published in 2023 by

ARLEN HOUSE
42 Grange Abbey Road
Baldoyle, D13 A0F3
Éire
Fón: 00 353 86 8360236
Ríomhphost: arlenhouse@gmail.com
www.arlenhouse.ie

978–1–85132–301–2, paperback/bog

Dáileoirí idirnáisiúnta/International distribution
SYRACUSE UNIVERSITY PRESS
621 Skytop Road, Suite 110
Syracuse
New York 13244–5290
Fón: 315–443–5534
Ríomhphost: supress@syr.edu
www.syracuseuniversitypress.syr.edu

Clóchur ¦ Arlen House

Pictiúr an chlúdaigh: Brenda Fitzmaurice

Tá Arlen House buíoch de
Chlár na Leabhar Gaeilge
agus d'Fhoras na Gaeilge

CONTENTS : CLÁR

For my dear friends
Gyozo Ferencz and Tom Hubbard
poets and scholars

Admhálacha : Acknowledgements

Buíochas le Coiscéim, Mercier Press agus O'Brien Press mar ar foilsíodh na dánta ins na leabhair seo a leanas: *Nocht* (1989), *Ag Siobshiúl Chun An Rince* (1995), *Giolla Na nAmhrán* (1998), *An dTéann Múinteoirí Go Tigh an Asail?/Do Teachers Go to the Toilet?* (2010) agus *Something Beginning With P* (2004).

Acknowledgements are due to Coiscéim, Mercier Press and O'Brien Press who first published the poems in Irish in the following collections: *Nocht* (1989), *Ag Síobshiúl Chun an Rince* (1995), *Giolla na nAmhrán* (1998), *An dTéann Múinteoirí Go Tigh an Asail?/Do Teachers Go to the Toilet?* (2010) and *Something Beginning With P* (2004).

Window, Lislaughtin Abbey

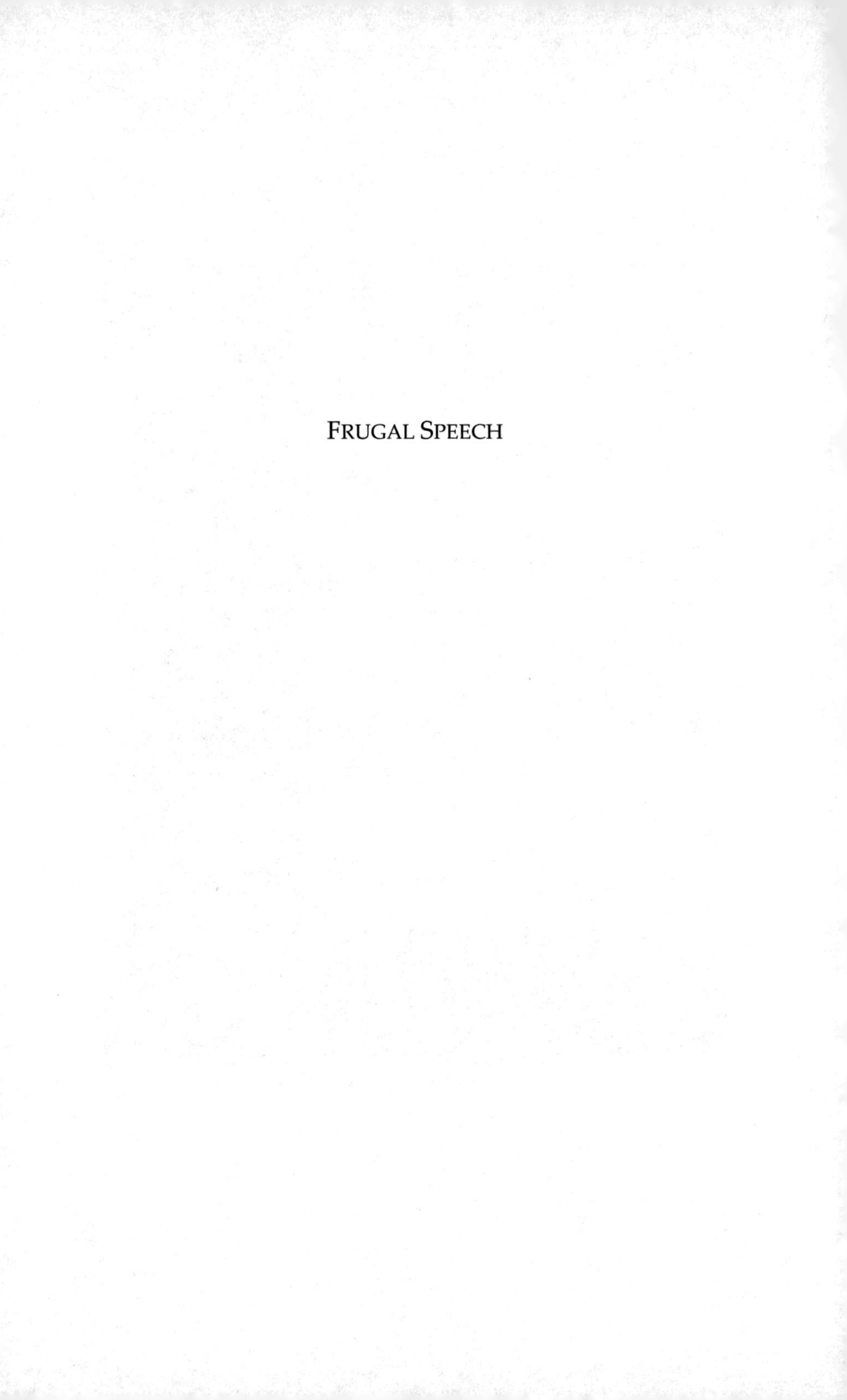

Frugal Speech

GAN FOCAL

A Man of Frugal Speech

Après Emily Dickinson

I fear a man of frugal speech,
a miser with his words
who keeps an eye on everything
and never goes overboard.

I fear a man of frugal speech,
he always is in hide.
His eyes like two computers,
a fucker I despise.

Fear gan Focal

Après Emily Dickinson

Ní mian liom fear gan focal,
ní mian liom sprionlaitheoir,
coimeádann súil ar chuile rud,
ní théann riamh thar fóir.

Ní mian liom fear gan focal
i gcónaí i bhfolach.
A shúile nós ríomhairí –
is fuath liom an bacach.

The Singer

The song opens
from the centre of my heart.
I am the song here,
I am the singer.

I sing my hope,
I sing my love,
I sing my light,
I sing my trouble.

In the corner of a pub on my own,
back to the wall,
instead of being a pop star
in Theatre, Park or Hall

in the corner of a pub
singing for just myself,
I am the singer here.
I am the song.

An tAmhránaí

Osclaíonn an t-amhrán
amach ó lár mo chroí,
is mise an t-amhrán anseo,
is mise an t-amhránaí.

Canaimse mo dhóchas,
canaimse mo ghrá,
canaimse mo sholas,
canaimse mo chrá.

Istigh i gcúinne tábhairne
im' aonar, cúl le balla,
in áit a bheith im' pop star
in Amharclann, Páirc nó Halla

istigh i gcúinne tábhairne
ag canadh dom féin amháin,
is mise an t-amhránaí anseo.
Is mise an t-amhrán.

Larks over Applegarth

The larks over Applegarth
nest in the long grass
that soon will be a garden,
when this comes to pass,

will they rise up over Applegarth
in sunshine and in rain
larks true to their nature?
Or will the garden put a strain

on the wild and wonderful,
the beauty I create?
Will poems rise like larks from me
if they fly away?

FUISEOGA OS CIONN *APPLEGARTH*

Na fuiseoga os cionn *Applegarth,*
neadaíonn siad i bhféar
a bheidh ina ghairdín gan mhoill.
Nuair a thiteann amach, mo léir,

an éireoidh siad thar *Applegarth*
i mbáisteach is sa ghrian,
fuiseoga ó dhúchas?
Nó an gcuirfidh gairdín srian

ar alltacht is fiántas,
an áilleacht a chruthaím?
An éireoidh port mar fhuiseog
ionam má imíonn?

The Trapped Bee

The bee in my car
sees only the window,
though the door is open,
attempting to escape.

Against that window
spellbound by the light
I am that bee
who doesn't see the door.

AN BHEACH CHEAPTHA

An bheach sa chairt
a d'aimsigh an fhuinneog
agus an doras ar oscailt
ag iarraidh éaló ...

I gcoinne na fuinneoige
faoi gheasa ag solas
is mise an bheach sin
nach bhfeiceann an doras.

Cat

1

The cat knows only
the terror of the room,

terror in her eyes,
she claws at everything.

She measures the giver
before she accepts his food.

She examines every corner
without a purr.

She returns to me
always.

Cat

1

Ní heol don gcat
ach uamhan an rúim,

an t-uamhan ina súile,
scríobann sí.

Tomhaiseann sí bronntóir
sara nglacann sí bia.

Iniúchann sí na cúinní
gan crónán.

Filleann sí chugam
i gcónaí.

2

Now, puss,
you don’t claw at everything,

you purr
before you eat.

Your scent everywhere,
the room is yours.

Out you go
exploring the whole house.

2

Anois, a chait,
ní scríobann tú,

crónánann tú
roimh bhia.

Do rian i ngach áit
is leat an rúm ...

Amach léi
ag taiscéaladh an tí.

Pilgrims

Bare

I believe, yet don't believe,
between misery and laughter,
whatever I believe in,
the alternative comes after.

If I believe in God,
does God exist at all?
I believe in myself
yet my belief is small.

Yet I believe in myself
because I believe in pain,
the core pain, the personal pain
that vindicates the man

whose Self's forever hidden,
that comes only with great pain
from the darkness of the person
naked into day.

Naked in the day I am
being naked in the poem,
forever praised be nakedness
and wandering on my own.

Nochtadh

Creidim – ach ní chreidim –
idir chiapadh agus ghreann,
pé rud ina gcreidim
tá an tarna creideamh ann.

Má chreidim ins an Dia,
an bhfuil an Dia ann?
Creidim ionam féin
ach tá mo chreideamh fann.

Ach creidim ionam féin
mar creidimse i bpéin,
an phian go smior, go pearsanta
ag síorchiallú an Féin,

an Féin atá de shior faoi cheilt,
nach dtagann ach le stró
amach ó choim na pearsantacht'
nocht istigh sa ló.

Nocht istigh sa ló atáim
ós nocht istigh sa dán –
moladh go deo le nochtachas,
moladh le seachrán.

The Cry

I cried out to my foundations
'love is gone astray'
and I heard the echo
You fool! You fool!

I cried out to the Christmas
'Christ has gone astray'
and I heard the echo
You fool! You fool!

I cried out to the darkness
'the light has gone astray'
and I heard the echo
You fool! You fool!

I cried out to the wilderness
'I have gone astray'
and I heard the echo
You fool! You fool!

I cried out to drunkenness
'It's good to be astray'
and the empty glasses answered
You fool! You fool!

I cried out: 'Death where are you
free me now I pray'
and the empty grave answered
You fool! You fool!

But hope came like a woman
with love for this poor stray,
she laughed with me and kissed me
and I found my way.

An Gáire

Gháir mé leis an dúshraith
'tá an grá ar seachrán'
is tháinig an macalla
A amadáin! A amadáin!

Gháir mé leis an Nollaig
'tá Críost ar seachrán'
is tháinig an macalla
A amadáin! A amadáin!

Gháir mé leis an doircheacht
'tá solas ar seachrán'
is tháinig an macalla
A amadáin! A amadáin!

Gháir mé leis an bhfiántas
'táim ar seachrán'
is tháinig an macalla
A amadáin! A amadáin!

Gháir mé leis an meisce
'moladh le seachrán'
is d'fhreagair na gloiní folmha
A amadáin! A amadáin!

Ghlaoigh mé: 'A bháis, cá bhfuil tú?
Scaoil mé den seachrán'
is d'fhreagair an uaigh fholamh
A amadáin! A amadáin!

Ach tháinig dóchas mar chailín
le grá don amadán,
do gháir sí liom is phóg sí mé
is dhíbir seachrán.

Right and Wrong

In Religion class today
I teach the kids and jaw
about what is right and what is wrong –
Religion as Law.

You can't teach right to children,
you must show it, not just state,
where here is there argument?
Where is there debate?

When they fall in without thinking
as young minds answer me
leaving aside their reason
to please authority!

Ceart is Coir

Anseo ag an gceacht Creidimh
múinim na páistí
le cad is ceart is cad is coir –
Creideamh mar an Dlí.

Ní féidir ceart a mhúineadh
ach tig leat é a thaispeáint –
cá bhfuil an díospóireacht?
Cá bhfuil argóint?

Nuair a aontaíonn siad gan smaoineamh
is tugann siad freagraí
chun údarás a shásamh,
an chiall in ísle brí.

What the Widow Said

There's nothing for me here, she said,
and I don't know why
I've just bought a tonic
while I'm praying to die,
that the Lord would come and take me
drunk, full of Prozac and depressed
but I just bought a tonic.
That's hope ... I guess.

Mar a Dúirt an Bhaintreach

Níl tada anseo dom
ní fios dom cén fáth
gur cheannaigh íocshláinte
agus paidir a rá
go dtógfaí ón saol mé
lán *Prozac* is ólta
ach cheannaigh íocshláinte.
Sin dóchas ... is dócha.

In Memory of my Mother

She felt the pain of death
every single day.
She had no time for folly –
what pleased her I would say
were simple, lovely, lasting things,
things that didn't lie.
Everything else, she shunned it.
She taught me how to die.

I gCuimhne mo Mháthar

D'fhulaing sí pian an bháis
gach aon lá dá saol.
Níor thaitin baois, dá bharr, le Mam –
cad a thaitin léi?
Simplíocht, áilleacht, fírinne,
rudaí buana gan cháim.
Gach rud eile – níor bhac sí leis.
Do mhúin dom conas bás a fhail.

Skellig

Hitching to the Dance

In Memoriam Jack Sheehan killed by Crown Forces in Knockanure on Thursday 26 May 1921

In the end they got you
as you ran across the bog.
(Didn't you shoot Sir Arthur Vicars?
A terrorist, by God!)

Did it dawn upon you, gunman,
every crime piled on your head
that revolutions come to nothing
once they succeed?

'Where's Jack Sheehan's monument?'
If I were to ask today
my pupils couldn't answer,
it's my equals who bear witness.

The youth have their own heroes
and they don't even glance
at your roadside monument
hitching to the dance.

Ag Siobshiúl chun an Rince

In Memoriam Jack Sheehan a lámhach Fórsaí Shasana i gCnoc an Iúir, Déardaoin 26 Bealtaine 1921

Lámhach siad thú ar deireadh
is tú 'teitheadh thar phortach.
(Nach tú a lámhach Sir Arthur Vicars?
Sceimhlitheoir, am baist!)

Ar rith sé leat, a ghunnadóir,
is gach coir a carnadh ort
go dtéann réabhlóid ar neamhní
nuair a éiríonn leis. Do leacht?

'Cá bhfuil leacht Jack Sheehan?'
Inniu dá gcuirfinn ceist
ní bheadh freagairt óm dhaltaí,
mo leithéid a thugann teist ...

Ag an óige a laochra féin
is ní leagann siad leathshúil
ar do leacht ar thaobh an bhóthair
is iad ar rince ag síobshiúl.

POLITICIANS

He stands no drinks when he's in the bar
not even to his supporters;
the man who stands is the best by far –
he's the one I'll vote for.

Polaiteoirí

Ní sheasann sé is é sa bheár,
ní chuireann lámh 'na phóca –
an fear a sheasann, an fear is fearr,
thabharfainn dó mo vóta.

New Year's Eve

for Brenda

New Year in the village,
on pikes the blazing sods
are lighting up the midnight,
yet there's no one on the road.

This ritual's been forgotten
by those whose greatest sin
is private celebration.
That the private might not win

this midnight celebration
was planned by us who met
in the pub to preserve old customs.
The Wren Boys come tonight –

banjo, flute, accordion,
mandolin, bodhrán
play us through the village,
through the doors they come,

the open doors of midnight
(those tacit *afterhours*
that don't exist officially),
they come in threes and fours

coming here to celebrate,
to dance beneath the sods
at one with their ancestors
as in the days of old.

Oíche Chinn Bliana

Do Bhrenda

Bliain nua sa sráidbhaile,
ar phící tá na fóid
ag lasrach an mheán oíche
gan éinne ar an ród.

An mórshiúl seo dearmadta
ag treabh a dhein éagóir
le ceiliúrtha príobháideacha,
príobháideachas thar fóir.

Pleanáladh an ceiliúradh seo
is muid sa phub ag ól
is tá an Dreoilín ag teacht anois
go seasfadh an sean-nós.

Bainseo, fliúit is cairdín,
maindilín, bodhrán
ag seinm trí na sráideanna;
trí dhoirse an óstáin,

trí dhoirse an mheán oíche
(anois na h*afterhours*
nach bhfuil ann go hoifigiúil)
tagann, clann ar chlann,

pobal an cheiliúrtha
is rinceann siad faoin bhfód
ar aon dul lena sinsear
i dtrátha anallód.

The Barmaid

'You won't get another drop.'
(Does he hear her right?
All he wants is another pint
for his thirst tonight).

'Do you mean you're barring me?'
'Sorry', she replies
wiping clean his ashtray
and this big drinker leaves.

He hasn't enough drink in,
what did he do anyway?
All he did was boast a bit
about his life in the USA.

The kind of man who'd hit you
if you refused him in the street
takes his change without a word
and leaves meekly.

Christ! The power of barmaids,
they cut men down to size
and they'll come back cap in hand
for more drink, all the wiser

drinking and confessing.
Yes! They'll return again.
Christ! The power of barmaids,
they make small boys of men.

Bean a' Leanna

'Ní bhfaighidh tú braon eile.'
(An gcloiseann sé i gceart.
Tá pionta pórtair eile uaidh
don tart).

'An amhlaidh go bhfuilim beáráilte?'
'Brón orm, a mhic', ar sí.
Glanann sí an luaithreadán
is imíonn fear mór dí

Nach bhfuil dóthain istigh aige –
cad a dhein sé *anyway?*
Ní raibh sé ach ag maíomh as féin
faoina shaol i Meiriceá.

An sórt a thabharfadh sonc duit
dá ndiúltófá dó sa tsráid,
tógann sé an briseadh
is téann amach thar bráid.

'Chríost! An chumhacht ag bean mar seo,
íslíonn sí gach boc
is tiocfaidh siad ar ais arís,
cén fáth go dtagann – deoch.

Tagann siad ar ais arís
ar faoistin is iad ag ól,
'Chríost! an chumhacht ag bean mar seo,
páistíonn fir os a comhair.

Willie Dore

He shuffled through my childhood
in his imaginary car,
he never bothered with us
mocking him, young brats.

He drove right through the village
full of brakes and gears
waiting for the vans, the poor man's friend,
to appear –

stale sausages, stale bacon,
stale bread and biscuits too,
anything they couldn't sell
they gave to him for food.

We'd drink when I was older
in the pub, his shaking hands
spilling beer, but he knocked it back
proudly like a man.

I often think of Willie Dore,
his motor on his brain,
since he died in the Old Folks' Home
we've not seen his likes again.

Willie Dore

Ag scuabáil trí m'óige
sa charr a shamhlaigh sé,
níor bhac sé linn in aon chor,
dailtíní ag magadh fé.

Thiomáin sé trí na sráideanna
lán giar is coscán
ag faire amach do theacht na veain,
cairde na mbochtán –

ispíní, bagún stálaithe,
arán is brioscaí géara,
aon rud nach gcuirfeadh brabús
ar an tseilf, do fuair sé é.

D'ólaimis le chéile,
is mé fásta suas, sa bheár
a lámha ar crith, ag doirteadh beorach,
ach bródúil, ina fhear.

Is minic anois a chuimhním air
é ag scuabáil síos an tsráid,
ó d'éag sé san *Old Folks' Home*
ní ghabhann a leithéid thar bráid.

Rockpool

La Belle Dame sans Merci

He drinks all night in Kincaid's Bar,
his eyes as white as fear,
and never talks and never smiles –
he's doomed to live that year

he met her first in Kincaid's Bar
and loved her for a price:
Now all he's left is Kincaid's Bar
and porter, cold as ice,

for porter's black – oh! as desire
and porter has its price
and once you whet, you can't forget
a thirst that's cold as ice.

She takes him to her grotty bed,
a year has him in thrall,
then plies her charms in other arms,
alone, with alcohol,

as morning dawns, the village yawns,
he searches for a pliers,
he takes the plug, the electric plug
and strips the electric wires;

he wraps the wires around his wrists
(Oh Death, do not refuse)
and plugs into the socket
but only blows the fuse.

Denied by death, unloved by life,
his eyes as white as fear,
he never talks and never smiles,
he's doomed to live that year,

La Belle Dame sans Merci

Ólann sé i dTigh Kincaid,
a shúile bán le scéin
gan focal as, ná meangadh fiú,
é gafa istigh sa bhliain

ar bhuail sé léi i dTigh Kincaid
is cheannaigh grá ar phraghas,
anois níl aige ach Tigh Kincaid
is leann chomh fuar le hoighear,

an pórtar dubh, chomh dubh le mian
a thagann chugat ar phraghas
is nuair a óltar, níl dearmad ar phórtar
chomh fuar leis an leac oighir.

I dteannta léi sa leabaidh
chaith bliain amháin 'na thráill,
agus é gan ór, imíonn a stór,
ina aonar, le halcól,

gealann lá is é gan ghrá,
cuardaíonn sé an greamaire
is tógann pluga aibhléise
is nochtann sé na sreanga,

filleann ar a rosta iad
is sánn isteach sreang bheo
(ó, a Bháis, ná diúltaigh mé) –
ní dhéanann ach fiús a dhó!

Beatha, Bás do dhiúltaigh é,
a shúile bán le scéin,
gan focal as, ná meangadh fiú,
é gafa fós sa bhliain

for love is black – oh! as desire
and love must have its price
and once you whet, you can't forget
a love that's cold as ice.

ag grá chomh dubh, chomh dubh le mian,
ag grá a éilíonn praghas –
níl aon dearmad ar ghrá mar siúd
chomh fuar leis an leac oighir.

A Parent's Love

How close the sound of laughter and of tears!
My children watching *Dumbo* on TV
in the next room – are those wails or cheers?
At this remove their screaming worries me.

Do my children laugh or cry in the next room?
I check them out, and this is what I see –
no light illuminates the falling gloom,
instead of watching *Dumbo* on TV,

high jinks on the sofa – they're both well,
I tick them off, their giggles fill and burst;
a parent's love knows all it needs of hell –
I hear them play and strangely fear the worst.

Grá Tuismitheora

Cé chomh gar 's atá glór caointe is glór gáire!
Mo pháistí ag féachaint ar *Dumbo* ar *TV*
sa seomra suite taobh liom, i dtús báire
ní aithním an bhfuilid ag gol nó ag gáirí.

Ag gáirí nó ag gol sa seomra suite?
Téim isteach, táid ag déanamh spraoi
ar an dtolg is oíche beagnach tite;
in ionad a bheith ag féachaint ar *TV*,

high jinks ar an dtolg, ní baol dóibh,
mé ag tabhairt amach, iadsan ag sciotaíl,
leanann a Ifreann féin grá an tuismitheora –
agus iad ag gáirí, is eagal liom iad i mbaol.

RAINSONG

The field whispering
pregnant after rain –
a stirring in the earth

Amhrán na Fearthainne

An branar ag cogar
trom tar éis ceatha –
corraí sa chré.

In the Woods

X on a tree trunk
marks no buried treasure here
children wonder why

. . .

A rotting tree stump
in the middle of the woods
mushrooms with new life

. . .

Where there are nettles
there are dock leaves to heal us
in a spot nearby

Sna Coillte

X ar stoc crainn
ní comhartha gur cuireadh ór anseo
díomá ar pháistí

...

Stocán marbh crainn
i lár na coille
beo le feithidí

...

San áit a bhfuil neantóga
féach – copóga ag fás
mar lia

Sun

A Farewell to Poetry

You didn't hide your talent
but spread it as you could.
A gift out of the ordinary –
at least it did some good.

‘CAST A COLD EYE ...’

Níor chuir do thallann i bhfolach
ach roinn ar chara ‘s namhaid.
Bua as an gcoitiantacht –
dhein maitheas ar a laghad.

AFTERWORD

I was born in Moyvane in North Kerry on 7 December 1952. My mother, who was born there in 1918, spoke Irish though she was not a native Irish speaker. My father had no Irish, though the remnants of the Irish language were in his speech. He was born in Moyvane in 1916 where there were still native Irish speakers. The last native speaker in the parish of Moyvane died in 1927.

I was reared speaking English but the Irish language was strong in the local primary school. My mother spoke the Queen's English. She studied at post primary level in the convent school of the Loreto nuns in Gorey, County Wexford where she learned not only English and Irish, but also French which she spoke fluently. She emigrated to England where she spent a number of years until she returned to Moyvane.

So, I had English and Irish from the age of four and along with that we had a local language that was between Irish and English. This language is to be seen in the plays of George Fitzmaurice and, later, John B. Keane. It was a rich dialect where the space between English and Irish could be filled with words, or versions of them, that came directly from Irish. And then in Saint Michael's College in Listowel we studied Latin and Greek, languages that greatly influenced me. We had poetry in Irish and English off by heart. And then Virgil and Julius Caesar, Xenophon and Euripides – the same education that John Milton had in his time.

I began by writing poems in English. But at the same time I was translating poems from the Irish – an Craoibhinn Aoibhinn and Máire Mhac an tSaoi among them. Around the end of the 1970s I met Michael Hartnett/Mícheál Ó hAirtnéide who greatly influenced me. I learned my trade from him.

Rugadh mé i Maígh Mheáin i dTuaisceart Chiarraí ar an 7ú Nollaig 1952. Bhí Gaeluinn ag mo mháthair a rugadh i Maígh Mheáin sa bhliain 1918, cé nach ón gcliabhán a d'fhoghlaim sí í. Ní raibh Gaeluinn ag m'athair. Ach bhí iarsmaí na Gaeluinne ina chaint. Rugadh é i Maígh Mheáin in 1916 nuair a bhí daoine a tógadh le Gaeluinn sa pharóiste. D'éag an cainteoir dúchasach deireanach Gaeluinne sa pharóiste sa bhliain 1927.

Tógadh le Béarla mé ach bhí an Ghaeluinn go láidir sa bhunscoil againn. Béarla na Banríona a bhí ag mo mháthair. D'fhreastail sí ar mheánscoil chlochar Loreto i nGuaire, Co Loch Garmain áit ar fhoghlaim sí ní hamháin Béarla agus Gaeluinn ach Fraincis a bhí go líofa aici chomh maith. D'aistrigh sí go Sasana agus d'fhan sí ann roinnt blianta sular fhill sí abhaile.

Bhí Béarla agus Gaeluinn agam ó aois a ceathair agus chomh maith leis sin bhí teanga áitiúil againn a bhí idir Béarla agus Gaeluinn. Tá an teanga sin le feiscint go láidir i ndrámaí George Fitzmaurice agus, ina dhiaidh sin, John B. Keane. Bhí saibhreas sa teanga sin, an spás idir Béarla agus Gaeluinn le líonadh isteach le focail a tháinig isteach díreach ón nGaeluinn. Agus ansin, i gColáiste Mhíchíl i Lios Tuathail bhí Laidin agus Gréigis againn rud a chuaigh go mór i bhfeidhm orm. Filíocht na Gaeluinne, filíocht an Bhéarla de ghlanmheabhair againn. Agus ansin Virgil, Julius Caesar, Xenophon agus Euripides – an saghas oideachais a bhí ag John Milton lena linn.

Thosnaigh mé ag scríobh dánta i mBéarla ar dtúis. Ag an am céanna bhíos ag aistriú dánta ón nGaeluinn – An Craoibhinn Aoibhinn, Máire Mhac an tSaoi ina measc. Timpeall dheireadh na seachtóidí bhuail mé le Michael Hartnett/Mícheál Ó hAirtnéide agus chuaigh sé go mór i bhfeidhm orm. D'fhoghlaimíos mo cheird uaidh.

My first book, *Rainsong,* a collection of poetry, was published by Beaver Row Press in Dublin in 1984. I was concentrating on writing in English and translating poems from the Irish until Pádraig Ó Snodaigh challenged me to compose poetry in the Irish language. *Nocht,* my first collection *as Gaeluinn,* was published by Coiscéim in 1989, followed by *Ag Síobshiúl Chun an Rince* in 1995 and *Giolla nAmhrán* in 1998.

At the same time I was writing poetry for children. Cló Iar-Chonnacht published *Nach Iontach Mar Atá,* my first collection in Irish for children in 1994, and in 2010 Mercier Press published my bilingual collection, *An dTéann Múinteoirí Go Tigh an Asail?/Do Teachers Go to the Toilet?*

Needless to say, I continued translating poems from the Irish as well. Some time around 1988 Hartnett asked me to translate his long poem, *An Phurgóid,* into English. Which I did, and Beaver Row Press published it as *The Purge* in 1989. In 1996 Cló Iar-Chonnacht published *Poems I Wish I'd Written,* poetry in Irish coupled with my English translations, while in 2004 Mercier Press published my *Poems from the Irish,* translations from Dáibhí Ó Bruadair to Cathal Ó Searcaigh.

I love and have a kindred feeling with the Irish language. I love to be in the Gaeltacht talking to my friends, particularly in Corca Dhuibhne. Irish is with me day and night. I often dream in Irish while I am sleeping. I speak Irish only to my friends. Because, to steal a phrase from the song – Irish is the loving tongue.

26 December 2022

Foilsíodh mo chéad leabhar, leabhar filíochta *(Rainsong,* Beaver Row Press) in 1984. Bhíos ag treabhadh ar aghaidh le filíocht Bhéarla agus le haistriúcháin ón nGaeluinn go dtí gur ghríosaigh Pádraig Ó Snodaigh mé chun tabhairt fé filíocht a chumadh as Gaeluinn.

D'fhoilsigh mé mo chéad leabhar as Gaeluinn *(Nocht,* Coiscéim, Áth Cliath), in 1989. In 1995 d'fhoilsigh mé an tarna leabhar as Gaeluinn *(Ag Síobshiúl Chun an Rince,* Coiscéim) agus in 1998 chuir Coiscéim an tríú leabhar Gaeluinne uaim *(Giolla na nAmhrán)* i gcló.

Ag an am céanna bhíos ag tabhairt fé filíocht a scríobh do pháistí. D'fhoilsigh Cló Iar-Chonnacht *Nach Iontach Mar Atá,* mo chéad leabhar as Gaeluinn do pháistí sa bhliain 1994 agus in 2010 chuir Mercier Press mo leabhar *An dTéann Múinteoirí Go Tigh an Asail?/Do Teachers Go to the Toilet?* leabhar dátheangach i gcló.

Ar ndóigh, bhíos ag tabhairt fé aistriúcháin ón nGaeluinn a dhéanamh chomh maith. Timpeall na bliana 1988 chuir Ó hAirtnéide iachall orm *An Phurgóid,* dán fada leis, a aistriú go Béarla. Rud a dheineas. D'fhoilsigh Beaver Row Press an t-aistriúchán, *The Purge,* in 1989. Sa bhliain 1996 d'fhoilsigh Cló Iar-Chonnacht *Poems I Wish I'd Written,* bunfhilíocht as Gaeluinn maidir leis na haistriúcháin a dheineas orthu. Sa bhliain 2004, chuir Mercier Press *Poems from the Irish,* aistriúcháin ó am Dháibhí Uí Bhruadair go dtí Cathal Ó Searcaigh i gcló.

Tá grá agus bá agam don Ghaeluinn. Is breá liom bheith sa Ghaeltacht ag caint lem chairde go mór mhór i gCorca Dhuibhne. Bíonn an Ghaeluinn agam de ló is d'oíche – i mbrionglóidí go minic agus mé im chodladh. Labhraím Gaeluinn lem chairde amháin. Mar, chun frása a ghoid ón amhrán – *Irish is the loving tongue*.

26 Nollaig 2022

Faoin Ealaíontóir : About the Illustrator

Rugadh agus tógadh Brenda Fitzmaurice i dTairbeart i gContae Chiarraí. Tá cónaí uirthi i Maígh Mheáin agus is as an dtír máguaird agus ceantar tuaithe Chiarraí a fhaigheann sí inspioráid. Péintéireacht ola is mó a dheineann sí. Tá comhoibriú déanta aici leis na filí Mary Kennelly agus Gabriel Fitzmaurice.

Born and raised in Tarbert, Co. Kerry, Brenda Fitzmaurice lives and works in Moyvane. Inspired by the landscape of rural Kerry, she paints mostly in oils. She has collaborated with poets such as Mary Kennelly and Gabriel Fitzmaurice.

FAOIN ÚDAR

Bhí Gabriel Fitzmaurice ina mhúinteoir náisiúnta ina bhaile dúchais ar feadh níos mó ná 30 bliain. D'éirigh sé amach ar pinsean mar phríomhoide sa bhliain 2007. Tá breis agus 60 leabhar curtha i gcló aige idir fhilíocht, aistriúcháin ón nGaeluinn agus díolaimí filíochta as Béarla agus Gaeluinn. Tá dánta dá chuid curtha le ceol agus taifeadta ag Brian Kennedy agus casann RTÉ Cór na nÓg dánta dá chuid le Ceolfhoireann Shiansach Náisiúnta RTÉ. Ball onórach den Széchenyi Academy of Letters and Arts san Ungáir, bronnadh an John B. Keane Lifetime Achievement Award de chuid Sheachtain na Scríbhneoirí, Lios Tuathail air. Bíonn sé go minic ar raidió agus ar an teilifís ag caint ar chultúr agus ealaín.

Tugadh "the best contemporary, traditional, popular poet in English" in *Booklist* (Na Stáit Aontaithe) air; "a wonderful poet" ins an *Guardian;* "one of Ireland's leading poets" in *Books Ireland;* "Ireland's favourite poet for children" in *Best Books!;* "the Irish A.A. Milne" (Declan

Kiberd ins an *Sunday Tribune* agus "the great bard of Irish village life" (Fintan O'Toole san *Irish Times).*

Foilseoidh Salmon Poetry *Gabriel Fitzmaurice: The Poet and his Work* eagraithe ag Jessie Lendennie ag Féile Ealaíne an Chlocháin/The Clifden Arts Festival i mí Mheán Fómhair 2023.

About the Author

Gabriel Fitzmaurice taught for over thirty years in the local primary school, from which he retired as principal in 2007. He is author of more than sixty books, has translated extensively from the Irish and has edited a number of anthologies of poetry in English and Irish. Poems of his have been set to music and recorded by Brian Kennedy and performed by the RTÉ Cór na nÓg with the RTÉ National Symphony Orchestra. An Honorary Member of the Széchenyi Academy of Letters and Arts in Hungary, he is a recipient of the Listowel Writers' Week John B. Keane Lifetime Achievement Award. He frequently broadcasts on radio and television on culture and the arts.

He has been described as "the best contemporary, traditional, popular poet in English" in *Booklist (US);* "a wonderful poet" in the *Guardian;* "one of Ireland's leading poets" in *Books Ireland;* "Ireland's favourite poet for children" in *Best Books!;* "the Irish A.A. Milne" by Declan Kiberd in the *Sunday Tribune* and "the great bard of Irish village life" by Fintan O'Toole in the *Irish Times.*

Salmon Poetry will publish *Gabriel Fitzmaurice: The Poet and his Work,* edited by Jessie Lendennie, in September 2023 at Clifden Arts Festival.